Conoce a tu enemigo invisible

Satanás es real y quiere destruir tu vida

Rodríguez, Marisela
Conoce a tu enemigo invisible: Satanás es real y quiere destruir tu vida / Marisela Rodríguez; edición literaria a cargo de Luis Pedro Videla 1ª ed. - Buenos Aires: Deauno.com, 2010.
96 p.; 21x15 cm.

ISBN 978-987-1581-80-1

1. Religión. 2. Cristianismo. I. Videla, Luis Pedro, ed. lit. II. Título
CDD 230

Queda rigurosamente prohibida, sin la autorización escrita de los titulares del copyright, bajo las sanciones establecidas por las leyes, la reproducción total o parcial de esta obra por cualquier medio o procedimiento, comprendidos la fotocopia y el tratamiento informático.

© 2010, Marisela Rodríguez
© 2010, Deauno.com (de Elaleph.com S.R.L.)
© 2010, Luis Videla, Edición Literaria

contacto@elaleph.com
http://www.elaleph.com

Para comunicarse con la autora: mm2309@hotmail.com

Primera edición

ISBN 978-987-1581-80-1

Hecho el depósito que marca la Ley 11.723

Marisela Rodríguez

Conoce a tu enemigo invisible

Satanás es real y quiere destruir tu vida

deauno.com

CONTENIDO

Introducción 9
¿Quién es tu Enemigo Invisible? 11
¿Quiénes son sus aliados? 19
¿Cómo actúa Satanás? 29
¿Cómo Satanás engaña al mundo? 33
Algunas estrategias de Satanás 39
¿Qué enseña el mundo? 47
¿Qué le enseña Satanás al mundo? 51
La corrupción del mundo 61
¿Cómo engaña al pueblo de Dios? 67
¿Contra qué lucha el cristiano? 73
Condición del pueblo de Dios 83
Conclusión 89
Referencias 93

Introducción

Hablar de Satanás es un tema que a nadie le gusta y por lo regular muchos lo evitan. Pocos son los que quieren o admiten estar involucrados con cualquier cosa que se refiera a él, ni siquiera mencionar su nombre. Recuerdo cuando era pequeña, que si alguien decía diablo, la respuesta automática era: no menciones ese pájaro.

Pero la realidad es otra, Satanás no es ningún pájaro, ni un monstruo rojo de cachos y cola como muchos los pintan y por más que las personas eviten mencionar su nombre, Satanás es un ser real, que tiene poder y está en medio nuestro y su propósito es destruirnos usándonos a nosotros mismos. Por lo tanto debes conocerlo y aprender cómo enfrentarlo y vencerlo.

Mi deseo no es que leas este libro como una historia de terror, más bien quiero que veas la realidad, que tu entendimiento sea abierto desde ahora y que puedas comprender que tienes un enemigo, el cual debes dejar de ignorar. Quiero que conozcas a Satanás, sus aliados, los propósitos de destrucción que tiene para tu vida, sus mentiras, estrategias, maquinaciones y artimañas. Para vencerlo es necesario que lo enfrentes con las armas de Dios, en el nombre de Jesús.

¿QUIÉN ES TU ENEMIGO INVISIBLE?

Y pondré enemistad entre ti y la mujer,
y entre tu simiente y la simiente suya;
esta te herirá en la cabeza,
y tú le herirás en el calcañar.
(Génesis 3:15)

TU ENEMIGO INVISIBLE es **Satanás**, ese es su nombre y mora en este mundo, está aquí en la tierra en medio nuestro. Satanás es un ángel creado por Dios, el día de su creación toda clase de piedras preciosas fueron preparadas especialmente para él, era el modelo de perfección y estaba lleno de toda sabiduría y hermosura. Fue puesto en el jardín del Edén, en el huerto de Dios, allí estuvo. Fue elegido y constituido querubín protector, porque Dios así lo dispuso.

Satanás era perfecto en todos sus caminos hasta el día que se halló en él maldad. A causa de todo su esplendor se enalteció su corazón, se llenó de orgullo, de violencia y pecó. Su hermosura y su sabiduría se corrompieron, por lo que fue expulsado del monte de Dios (Ezequiel 28:12-18). Satanás propuso en su corazón subir al cielo, levantar un trono y ser semejante a Jehová (Isaías 14:12-14), por lo que se convirtió en enemigo de Dios, en un ser en oposición directa a Dios y Sus propósitos.

De ante manos debemos saber que Satanás no es igual a Dios, ni tampoco amenaza el poder de Dios.

Yo soy Jehová, y ninguno más hay; no hay Dios fuera de mí. Yo te ceñiré, aunque tú no me conociste, para que se sepa desde el nacimiento del sol, y hasta donde se pone, que no hay más que yo; yo Jehová, y ninguno más que yo, que formo la luz y creo las tinieblas, que hago la paz y creo la adversidad, Yo Jehová soy el que hago todo esto (Isaías 45:5-7).

Satanás es su nombre y significa adversario o acusador pero este no es el único nombre o calificativo con el cual La Biblia lo identifica, hay muchos otros más, los cuales quiero compartir contigo.

Belial, Beelzebú, el príncipe de los demonios, el príncipe de las tinieblas, el príncipe de este mundo, el príncipe de la potestad del aire, dios de este mundo, padre de mentira, el opositor, el adversario, el acusador, el maquinador, el asesino, el gran dragón, la serpiente antigua, la serpiente veloz, la serpiente tortuosa, el engañador, el enemigo malo, el maligno, el diablo, Lucifer, leviatán, el destructor, el tentador, el gobernador de las tinieblas, entre otros.

Es posible que tú también le hayas adjudicado un nombre, pero te exhorto a tener cuidado, ya que hasta los ángeles, que son mayores en fuerza y en potencia, no pronuncian juicio de maldición contra las potestades del mal (2 Pedro 2:11), inclusive cuando el arcángel Miguel contendía con el diablo, no se atrevió a proferir juicio de maldición contra él, sino que dijo: Él Señor te reprenda (Judas 9).

Cada uno de estos nombres especifican exactamente lo que él es, lo que él representa y el poder que tiene. Por ejemplo si buscas el significado de opositor encontrarás que quiere decir persona que aspira a un cargo mediante oposición. Esto fue exactamente lo que Satanás trató de hacer, trató de tomar el lugar de Dios. De igual forma el significado de cada uno de estos calificativos se identifican perfectamente con él.

En el principio de la creación Satanás fue identificado como la serpiente, para este entonces todavía tenía acceso al Edén de Dios, donde fueron puestos el primer hombre y la primera mujer que

Dios creó. Por lo que se conoce, Satanás le mintió a la mujer para que desobedeciera el mandato de Dios.

Después de haber creado Dios todas las cosas, los cielos y la tierra, organizó la tierra, la llenó de hermosura y esplendor, de todo tipo de animales y plantas, luego creo el hombre y la mujer, a los cuales les entregó la tierra y todo lo que en ella había, con el propósito de que el hombre la habitara felizmente, se señoreara de ella y se multiplicara con paz. Les dio autoridad de comer de todos los animales y las plantas creadas excepto del árbol de la ciencia del bien y del mal, advirtiéndoles que si comían, ciertamente ese día morirían (Génesis 2:17).

Satanás en su empeño de ser igual a Dios, buscó la forma de gobernar la creación de Dios y para esto engañó a la mujer mintiéndole al decirle que no era cierto que moriría si comía de este árbol, sino que sus ojos serían abiertos y que al conocer el bien y el mal sería como Dios. La mujer permitió que estas palabras llenaran su mente, que el árbol llenara sus ojos, despertando así en ella la codicia de adquirir sabiduría.

Una vez que permitió que la codicia entrara en ella decidió tomar el fruto, comer y dar también a su marido, el cual sabiendo perfectamente el mandato de Dios, comió así como ella, desobedeciendo ambos el mandato de Dios. Por lo que Dios echó al hombre del huerto de Edén, no sin antes establecer juicio.

Fue desde este entonces, y permitiéndolo así Dios, que Satanás ya no sólo fuera opositor de Dios sino que se convirtió en enemigo del hombre, y de paso también se apropió del poder que Dios le había dado al hombre sobre la tierra. Desde este día Dios estableció que algún día la simiente de la mujer, la descendencia de la mujer le quitaría este poder a Satanás.

A raíz de esta desobediencia entró el pecado, la muerte y la imperfección en la generación humana. El hombre creció y se multiplicó pero Satanás se encargó de seguir engañándolos y corrompiéndolos, pero en cada generación existieron hombres que a pesar de sus imperfecciones, había en ellos un corazón correcto y se mantuvieron fieles a Dios, por lo que Dios, de generación en generación les prometió que salvaría su descendencia y le daría una oportunidad al resto de la humanidad.

Antes de Cristo Satanás tenía acceso al cielo, y aunque era un espíritu de maldad, se le concedía ser llamado hijo de Dios, el cual servía a los juicios justos de Dios y para probar a sus siervos (Job 1:8-10). Es por esto que en la antigüedad el pueblo de

Dios reconocía que todo acontecimiento de sus vidas, fueran malos o buenos, provenía de Dios, y eran consciente de que todo lo bueno que ocurría en sus vidas era producto de su obediencia, no de la buena suerte y todo lo malo que llegaba a sus vidas era producto de su desobediencia, no de la mala suerte. Por lo que podemos decir que en aquellos tiempos Satanás no era tan famoso, ni se le daba mucha importancia. En aquel tiempo las obras de Satanás no estaban al descubierto.

Sé que este es sólo un breve detalle de los acontecimientos pasados, y tal vez tengas muchas preguntas. Mi intención no es contestarlas a todas ya que es imposible para mí, hay misterios que sólo están en el conocimiento de Dios y sólo serán revelados al tiempo de Él. *El misterio de Dios se consumará, como él lo anunció a sus siervos los profetas* (Apocalipsis 10:7). Lo que sí quiero es que entiendas que todo lo que acontece en nuestra vida tiene una raíz, la cual debes conocer, entender, admitirla y luego cortarla con la ayuda de Dios.

Quiero que abras tus ojos y te des cuenta de que tienes un enemigo que quiere destruir tu vida, tu alma y cuerpo. Tu enemigo sabe que sólo puede conseguirlo si te mantiene separado de Dios y separado del conocimiento de la verdad, Satanás sabe lo que debe hacer y trabaja día y noche para lograrlo. Para evitar que esto pase, debes conocer esta verdad y eso es lo que haré en este libro ayudarte a conocer la verdad y luego será tu decisión permanecer en ella o no, recuerda que siempre hay una consecuencia de tus decisiones, la cual deberás afrontar.

Porque si pecáramos voluntariamente después de haber recibido el conocimiento de la verdad, ya no queda más sacrificio por los pecados, sino una horrenda expectación de juicio, y de hervor de fuego que ha de devorar a los adversarios (Hebreos 10:26-27). Todo aquel que decide permanecer en el pecado se constituye adversario de Dios.

Satanás es un ángel que se viste de luz para engañar, pero realmente es un ángel de oscuridad. El diablo es un espíritu de maldad y aunque no podemos verlo, si podemos ver las manifestaciones de su maldad a través de la muerte, la pobreza, el hambre, la delincuencia, los asesinatos, los robos, los vicios, la corrupción del hombre, la destrucción de la creación y todas estas cosas que son consecuencias de una vida de pecado apartados de Dios. Quiero que recuerdes que **pecado** son las acciones con que los seres humanos se rebelan contra Dios, dejando de cumplir el propósito divino para sus vidas y cediendo ante el poder del mal y los deseos pecaminosos de la carne.

Satanás sabe que el pecado nos separa de Dios y si estamos separados de Dios somos presa fácil para que él pueda hacer sus malas obras a través de nosotros sin que ni siquiera nos demos cuenta y de paso destruirnos. Todas las actividades de Satanás son contrarias al propósito de Dios y al bien del hombre por lo que trabaja dedicada y constantemente en ellas. Para lograr estas malas obras Satanás no está solo, tiene aliados.

¿QUIÉNES SON SUS ALIADOS?

*Y su cola arrastraba la tercera parte
de las estrellas del cielo,
y las arrojó sobre la tierra.*
(Apocalipsis 12:4)

LOS ÁNGELES DESOBEDIENTES son los aliados de Satanás, este no sólo se reveló contra Dios, sino que junto con él arrastró la tercera parte de los ángeles de Dios, convirtiéndose estos también en adversarios de Dios.

Satanás se convirtió en el líder y jefe de estos ángeles, lo que quiere decir que estos ángeles están al servicio de Satanás para hacer el mal. Satanás no es omnipresente por lo que no puede estar en todos los lugares al mismo tiempo, pero tiene su ejército por todos lados cumpliendo sus órdenes, pero sabemos que la cabeza de todo esto es él.

Esta es la razón por la cual Satanás es también llamado el príncipe de los demonios (Mateo 9:34). Satanás tiene toda una organización de principados, potestades, gobernadores de las tinieblas y huestes espirituales de maldad en las regiones celestes. Por medio de esta organización gobierna el mundo, con el propósito firme de arrastrar al hombre a la perdición y de hacer guerra contra la iglesia.

Su calidad de espíritu, seres invisible, les facilita el tentar y engañar al hombre de muchas formas, sin que el hombre pueda advertir que detrás de toda mala obra se esconde Satanás y sus ángeles de maldad.

A estos ángeles también se les llaman espíritus malos o demonios, estos al igual que Satanás son una creación de Dios superior al hombre y tienen poderes con los cuales engañan al mundo. Aunque estos tienen poder debemos recordar siempre que tanto Satanás como su ejército de demonios son criaturas que están sujetas a la voluntad de Dios, por lo que no pueden actuar sin autorización de Dios.

De igual forma debemos tener cuidado de no cuestionar lo que Dios permite. Él es soberano y omnisciente, Dios todo lo sabe y sus acciones son justas y perfectas. *Mas antes, oh hombre, ¿quién eres tú, para que alterques con Dios? ¿Dirá el vaso de barro al que lo formó: ¿Por qué me has hecho así?* (Romanos 9:20).

Antes de Cristo estos espíritus malos, al igual que Satanás, tenían acceso al trono de Dios y eran agentes de los juicios justo de Dios (1 Reyes 22:19-23). Pero una vez que la simiente de la mujer, Jesús, hizo su entrada al mundo, mediante su muerte y resurrección, venció a Satanás y a sus seguidores. Satanás perdió gran poder, este poder y mucho más le fue otorgado a Jesús, el Hijo de Dios.

Jesús adquirió las llaves de la muerte y del Hades (Apocalipsis 1:18), por lo que Él tiene el poder de resucitar y de dar vida eterna. Ahora el mundo tiene una oportunidad de vencer la muerte, adquirir la perfección perdida en el huerto del Edén y la vida eterna a través de Jesús.

Todo hombre que reconozca su mal camino y se ponga en manos de Jesús, haciendo una declaración de fe, su nombre será inscrito en el libro de la vida, sus pecados serán perdonados y será hecho justo delante de Dios. Su relación con Dios será restaurada, dándole al hombre la oportunidad de vivir esta vida plenamente y en abundancia mientras espera las promesas de perfección y vida eterna.

Antes de Cristo el pueblo de Dios se regía por leyes establecidas por Dios, el cumplimiento de estas leyes hacia al hombre justo y obediente, pero si por el contrario el hombre las incumplía era considerado injusto y desobediente a Dios.

La obediencia establecía recibir las bendiciones de Dios, la desobediencia establecía recibir las maldiciones. En otras palabras, para el pueblo de Israel existían dos caminos: el camino del bien al obedecer las leyes de Dios y el camino del mal al desobedecer estas leyes. Dios mostro ambos caminos y dio libertad al hombre para escoger y declaró la consecuencia de su elección (Deuteronomio 30:19).

En aquel entonces Satanás ocupaba su tiempo rodeando la tierra e incitando al pueblo a pecar (1 Crónicas 21:1), luego que el hombre pecaba, Satanás se presentaba ante Dios y los acusaba (Zacarías 3:1), para asegurarse de que estos recibieran el castigo que merecían y divertirse al ser el mismo, junto con su ejército de maldad, quienes actuaban para causar destrucción en la tierra y por consiguiente en la vida del hombre.

El hombre fue incapaz de cumplir la ley, por lo que esta ley vino a ser maldición para el hombre. El ser humano era seducido por los demonios a hacer lo prohibido, por lo que el pecado se multiplicó y junto con el pecado los juicios de Dios. Estos juicios consistían en el cumplimiento de las maldiciones de Dios para todo aquel que desobedecía las leyes de Dios (Deuteronomio 28:15-68).

Estas leyes se establecieron cuatrocientos treinta años después del pacto que Dios hizo con Abraham (Gálatas 3:12-17), por lo que al cumplirse el pacto de Dios acerca de la simiente de Abraham, la cual es Cristo, estas leyes fueron puestas a un lado.

Jesús nos redimió de la maldición de la ley, quitándole el poder a Satanás de seguir acusando al pueblo de Dios y dándonos una oportunidad de ser salvos. A través de Jesús, Dios ha otorgado un periodo de gracia, donde el hombre no será juzgado por las obras de la ley, sino por la fe en Jesucristo.

Una vez que Cristo vino al mundo estas leyes han sido puestas a un lado, estableciendo que el buen camino es creer en el evangelio de Cristo y que el mal camino es rechazar este evangelio.

Lo que quiere decir que Dios ha establecido que durante este periodo todo aquel que escuche estas buenas nuevas y acepte a Cristo ha escogido el buen camino y se ha convertido en pueblo de Dios, pero todo aquel que rechace el evangelio de Cristo ha escogido el mal camino y si muere sin haberse arrepentido tendrá su parte en el lago de fuego junto a Satanás.

Jesús ha declarado que este periodo de gracia estará hasta que el evangelio haya sido dado a conocer a todo el mundo y luego será el fin (Mateo 24:14), dando así la oportunidad a todos de aceptar este regalo de salvación.

Recordemos que **La Gracia** a la cual nos referimos es el regalo de salvación que Dios ha dado a todo aquel que crea en Su Hijo, esta gracia no establece ningún sacrificio de parte del hombre, para poder recibirla, sólo tienes que creer y recibir a Jesús como señor y salvador.

Una vez que Jesús venció el mundo, el pecado, la muerte a Satanás y sus aliados, tanto Satanás como sus ángeles fueron arrojados del cielo hacia la tierra. Dios estableció juicio para Satanás y sus ángeles. Cuando se cumpla el tiempo de Dios, Satanás y sus aliados serán lanzados en el lago de fuego y azufre, donde serán atormentados día y noche por los siglos de los siglos (Apocalipsis 20:10).

Pero hay algo más que Satanás sabe y es que Dios también ha establecido un día donde habrá un gran juicio, **El Juicio Final**, donde la humanidad será juzgada. Dios ha determinado que en aquel día, los libros donde están registrados todos los sucesos de la vida de los hombres, serán abiertos y se harán manifiestas todas las obras del hombre sean buenas o malas.

El hombre será juzgado y todo aquel que su nombre no esté inscrito en el libro de la vida será lanzado al lago de fuego, el fuego eterno, al infierno, junto al diablo y sus ángeles.

Entonces dirá también a los de la izquierda: Apartaos de mi, malditos, al fuego eterno preparado para el diablo y sus ángeles (Mateo 25:41).

Y vi a los muertos, grandes y pequeños, de pie ante Dios; y los libros fueron abiertos, y otro libro fue abierto, el cual es el libro de la vida; y fueron juzgados los muertos por las cosas que estaban escritas en los libros, según sus obras (Apocalipsis 20:12).

Y el que no se halló inscrito en el libro de la vida fue lanzado al lago de fuego (Apocalipsis 20:15).

Para los que no creen en el castigo y la justicia de Dios, mis respeto, pero yo te diría que escudriñes estas palabras las cuales vienen de Dios. Está claro que todo aquel que su nombre no esté inscrito en el libro de la vida será echado en el mismo lugar que Satanás. Si es malo tenerlo aquí en la tierra por un tiempo definido, no quiero imaginar que sería vivir con el por la eternidad.

Sabiendo esto Satanás y sus ángeles, los cuales no alcanzaron perdón de Dios, lo más malvado que pueden hacer es aprovechar el poco tiempo que les queda y tratar de arrastrar lo más que puedan de la humanidad, para que mueran sin salvación. El sabe que una vez que una persona muera sin salvación, esta persona resucitará para ser juzgada y estar con él por la eternidad (Hebreos 9:27), así que hará cualquier cosa para lograrlo.

Detrás de toda maldad se esconden Satanás y sus espíritus, estos son como una familia que trabajan en equipo con el propósito de destruir el mundo y el pueblo de Dios. Los demonios tienen libertad para llevar a cabo los propósitos malignos de Satanás, habitan en lugares celestiales y actúan en la tierra:

–Oprimen, afligen, atribulan, engañan a la gente.
–Corrompen las almas.
–Llenan sus mentes y sus corazones.
–Pervierten sus deseos.
–Envenenan sus emociones.
–Destruyen sus cuerpos.
–Tienta a través de las necesidades.
–Pueden morar en los cuerpos, los ata a través de las enfermedades, los esclaviza a través de las adicciones.

–Seducen la humanidad, la incita a tentar a Dios, la atraen al pecado, a la desobediencia, y
–Buscan gente que adoren y sirvan a Satanás.

¿CÓMO ACTÚA SATANÁS?

*Y fue lanzado fuera el dragón,
la serpiente antigua, que se llama diablo y
Satanás, el cual engañaba al mundo
entero; fue arrojado a la tierra,
y sus ángeles fueron arrojados con él.*
(Apocalipsis 12:9)

EL ENGAÑO es el arma numero uno que usa Satanás. Como la palabra lo dice Satanás es padre de mentiras (Juan 8:44), lo que quiere decir que es el progenitor de la mentira, la cual usa muy bien para engañar al mundo y al pueblo de Dios. Satanás y sus demonios como ya sabemos están en la tierra, por lo que su ocupación es oponerse a Cristo y al evangelio, engañando al mundo para que no se ponga en manos de Jesús y hacer guerra con los que ya se han puesto.

Aunque Jesús venció a Satanás y a sus ángeles, por lo cual tiene toda autoridad, poder y dominio sobre los ángeles, autoridades y potestades (1 Pedro 3:22), Satanás todavía tiene poder sobre el mundo (1 Juan 5:19), por lo que toda persona que nace está bajo su dominio. La única forma que una persona deja de pertenecer al mundo es entregando su vida voluntariamente a Cristo, por medio de una confesión de fe.

Cuando una persona se pone en manos de Jesús, Dios no sólo inscribe su nombre en el libro de la vida, sino lo traslada del reino de las tinieblas comandado por Satanás, al reino de Dios comandado por Jesús (Colosenses 1:13). Lo que quiere decir que el hombre tiene la libertad de decidir en qué reino quiere estar: en el reino de las tinieblas gobernado por Satanás y sus ángeles o en el reino de Dios gobernado por Jesús.

Es importante que entiendas que el reino de Jesús no te ofrece una religión lo que te ofrece es una relación con Dios, un nuevo comenzar, un nuevo renacer. Si tú eres uno de los que quieres pertenecer al reino de Dios entonces lo que tienes que hacer es creer en Su Hijo y declararlo con tu boca. Si no lo has hecho ya y quieres hacerlo en este momento te invito a que habrás tu boca y hagas esta confesión de fe:

Señor en este momento me presento ante Ti reconociendo mi condición de pecador, creo con mi corazón que Jesús es tu Hijo, que tú lo resucitaste de entre los muertos. Desde este momento lo declaro como el Señor de mi vida por lo tanto a través de Él, recibo la salvación como regalo tuyo. Enséñame todo lo que necesito aprender, para que nada me aparte de ti. En el nombre de Jesús,
Amén.

Si has hecho esta confesión de fe entonces te doy la bienvenida al reino de Dios y declaro que has sido sellado con su Espíritu Santo, ahora comienza una nueva vida para ti. Dios ha perdonado y borrado tus pecados, la sangre de Cristo te ha limpiado para que comiences una relación con tu padre Dios. En este momento hay fiesta en el cielo por causa tuya, olvida todo lo que quedó atrás y comienza a caminar con Cristo, estudia la palabra, ora en todo momento, y nunca te apartes de Dios.

¿CÓMO SATANÁS ENGAÑA AL MUNDO?

El mundo entero está bajo el maligno.
(1 Juan 5:19)

SATANÁS HA ENGAÑADO al mundo *enseñándolo a través de sus sentidos físicos y de su alma.* Cuando hablamos de mundo podríamos estar hablando del universo o el conjunto de todo lo que existe. También podríamos estarnos refiriendo a la tierra o simplemente al conjunto de los seres humanos. En esta ocasión hablaremos específicamente del mundo como género humano, ya que la raza humana es la parte más importante de la creación terrenal.

Como ya sabemos, una persona está compuesta por alma, cuerpo y espíritu. El espíritu del hombre nos confronta con Dios, el alma con nosotros mismos y el cuerpo con el mundo. Por lo que podemos decir que el cuerpo, nuestra carne es la parte visible del hombre que le permite relacionarse con los demás seres humanos.

Toda persona nacida en el mundo pertenece al mundo y todo el que pertenece al mundo esta espiritualmente muerto, lo que quiere decir que el mundo está separado de Dios. La causa de esta separación como ya sabemos es el pecado, el cual fue introducido por el primer hombre y lo hemos heredado de generación en generación.

El alma es la parte interna del hombre que rige nuestros deseos, nuestros pensamientos y nuestras emociones. El hecho de estar muertos espiritualmente nos ha llevado a que nuestra alma sea enseñada por:

1. Lo que vemos y oímos en el mundo.
2. Por lo que deseamos, pensamos y sentimos.

Por lo que el hombre de generación en generación ha hecho como ha querido. Si entendemos que sólo el creador conoce su creación y sabe cómo funciona correctamente, estaremos de acuerdo que cuando otro ser trata de manejar lo que no conoce, no le dará un manejo correcto. Por lo que a través del tiempo el hombre al vivir separado de Dios ha manejado su vida incorrectamente. Esto ha dado como resultado una manera errónea de ver la vida y de vivir la vida, manera que ha sido heredada de generación en generación y ha hecho que el mundo viva en oscuridad.

El mundo ha regido su vida por los deseos de la carne, que entre muchas cosas el orgullo y la codicia han predominado en el comportamiento del hombre.

El orgullo ha llevado al hombre a revelarse contra su creador, al asumir una vida de independencia absoluta de Dios. El hombre toma sus decisiones sin tomar en cuenta la voluntad de Dios.

La codicia ha llevado al hombre a desear y poseer a cualquier costo, todo lo que resulta atractivo a sus sentidos físicos.

Como el hombre tiende a adorar todo lo que atesora la codicia se ha convertido para el hombre en idolatría. Lo que ha hecho que: aunque el hombre reconozca que Dios es su creador, lo ha puesto en segundo lugar al darle el primer lugar a sus posesiones. El mundo vive normalmente dándole el primer lugar a sus intereses, sus afectos, sus ocupaciones y a los placeres.

Estas cosas no necesariamente tienen que ser malas, sólo se han transformado en malas cuando el mundo las ha convertido en el patrón de conducta que rige sus vidas, en el lugar de regirse de acuerdo a la voluntad de Dios. El hombre esta esclavizado al permitir que estas cosas gobiernen sus vidas ya que Dios creó el hombre para que gobierne las cosas.

Es este mismo patrón de conducta que ha causado que el mundo se encuentre perdido en sus pecados, pero Dios como muestra de amor a su creación envió Un Salvador para salvar el mundo.

A la misma vez, que el sacrificio de Cristo trajo salvación al mundo, también el mundo entró en una crisis, ya que la muerte de Jesús produjo la caída de Satanás, el príncipe de este mundo.

Ahora Satanás quien antes incitaba al mundo a pecar y acusaba al pueblo de Dios, ha sido juzgado y sentenciado y ha descendido a azotar al mundo, ha venido con gran ira, sabiendo que tiene poco tiempo (Apocalipsis 12:12). Por lo tanto el mundo está siendo trastornado por un enemigo invisible y el hombre sigue caminando sin darse cuenta que va rumbo a su propia destrucción.

De la misma forma, el mundo ha caído bajo el juicio de Dios ya que todo aquel que no reconozca a Jesús como señor y salvador será condenado. La decisión de no aceptar a Jesucristo mantendrá al mundo bajo el dominio de Satanás, por lo que la conducta del hombre seguirá empeorando.

Entendamos que el hombre en sus deseos desmedidamente incorrectos, está destruyendo la creación de Dios. El pecado del hombre es la causa de que la creación de Dios este siendo destruida. Dios no lo permitirá, por el contrario, restaurará todas las cosas. Por lo que debido a su justicia destruirá toda impiedad y todo sistema corrupto.

Dios le está dando al hombre una oportunidad de arrepentirse, por lo que todo aquel que no se arrepienta sufrirá los juicios de Dios.

Dios sabe que detrás de todo esto se esconden las maquinaciones de Satanás, si bien el hombre no está actuando por sí solo, Satanás sólo da las ideas, el hombre tiene la responsabilidad si las ejecuta o no. El mundo debe saber que Dios ha determinado su fin, pero que le ha dado una oportunidad de reconsiderar sus malos deseos, decisiones, y sus malas acciones.

El que en él cree, no es condenado; pero el que no cree, ya ha sido condenado, porque no ha creído en el nombre del unigénito Hijo de Dios (Juan 3:18).

ALGUNAS ESTRATEGIAS DE SATANÁS

*Porque ¿qué aprovechará al hombre,
si ganare todo el mundo, y perdiere su
alma? ¿O qué recompensa
dará el hombre por su alma?*
(Mateo 16:26)

SATANÁS TE OFRECE todos los placeres del mundo, pero eso tiene un precio: **tu Alma.**

Desde que una persona es engendrada en el vientre de su madre es un ser viviente, y desde esta misma hora Satanás comienza su trabajo con esta vida.

El propósito de Satanás es desarrollar en cada persona un alma corrupta. Para esto usará el poder que tiene, la ventaja de ser invisible, el engaño, la mentira, la incredulidad, la duda y toda su esencia diabólica. Satanás sabe que un alma corrupta no recibirá las bendiciones de Dios, por lo que comenzará su labor de destrucción.

Desde la primera creación humana (Adán y Eva) se desencadenó el pecado, lo que ha hecho que el género humano nazca con una naturaleza pecaminosa de generación en generación.

Antes de Cristo sólo los hombres obedientes, los justos, los mansos, los humildes y de fe, alcanzaban las bendiciones de Dios de generación en generación, pero los desobedientes, los injustos, los idólatras, los orgullosos y los corruptos eran malditos de generación en generación. El pueblo desobediente de Dios era maldito hasta una tercera y cuarta generación de su descendencia.

Porque yo soy Jehová tu Dios, fuerte, celoso, que visito la maldad de los padres sobre los hijos hasta la tercera y cuarta generación de los que me aborrecen (Éxodo 20:5).

Esta maldición establecía que cualquier tipo de espíritu que gobernara tu vida, también gobernaría tu descendencia, si esta no se arrepentía y se humillaba delante de Dios.

Una de las bendiciones que tenemos en Cristo es que tan pronto pones tu vida en sus manos esta maldición queda cancelada en ti y en tu generación y cuando la bendición entra en tu vida, Dios tiene misericordia hasta la mil generaciones de tu descendencia, de todos aquellos que lo aman y guardan su palabra (Deuteronomio 7:9), Pero todo aquel que pertenece al mundo carece de esta promesa.

Dios en su amor y misericordia hacia la humanidad, permite que el sol salga para todos, pero sólo la decisión del hombre de aceptar a Cristo, lo hace heredero de las promesas que Dios ha hecho a su pueblo.

Es importante que sepas que aunque naciste con una naturaleza pecaminosa, también naciste con todo lo que Dios formó en ti cuando creo el hombre. Satanás trabajará arduamente para enseñarte a usar de manera incorrecta todo lo bueno que Dios puso en ti.

Con engaños estratégicos te hará ser desobediente y orgulloso y poco a poco irá introduciendo en tu alma todo lo que te haga vivir separado de Dios y te robará todas las bendiciones que Dios tiene para ti.

Satanás y sus demonios tienen el poder de ejercer control parcial sobre una o varias áreas de la vida de una persona o poseer el control absoluto del cuerpo de una persona, manteniéndolo cautivo y obrando a través de esta persona. Para que esto sea posible la persona tiene que otorgarle voluntariamente su cuerpo a Satanás.

Una vez que una persona se pone en manos del enemigo, su generación tiene la misma posibilidad de adquirir esta herencia, donde Satanás reclamará esta familia para su servicio y les otorgará poderes de las tinieblas para atraer al mundo y aún al pueblo de Dios. Sólo Cristo puede liberarte del poder del enemigo. *Así que, si el Hijo os libertare, seréis verdaderamente libres* (Juan 8:36).

De generación en generación los demonios han enseñando al hombre a desobedecer, a pecar, a ser imprudente, a desarrollar todo tipo de malas costumbres, malos hábitos, malas cualidades, malas actitudes, y malos actos. Los espíritus tienen el poder de hablar a tu mente, de poner malos pensamientos, malos deseos y hacerte creer que vienen de ti mismo, una vez que todo esto está desarrollado en tu alma, tu propia voz interior adquiere esta forma natural de pensar y será también tu forma audible de expresarte y tu manera de actuar.

Satanás sabe que en tu lengua esta el poder de la vida y la muerte (Proverbios 18:21), por lo que pondrá pensamientos negativos en tu mente, para que tú los expreses, los cuales traerán muerte a tu vida. Es por eso que debemos tener cuidado con lo que decimos. Debemos acostumbrar nuestra boca a hablar sólo cosas positivas.

Aunque los demonios no te pueden obligar a pecar, si pueden provocar situaciones que te lleven al pecado. El mundo es instrumento de Satanás para destruirse unos con otros sin que el hombre se dé cuenta, ya que les enseña a justificar sus acciones corruptas, su falta de compasión, sus motivos de venganza, su razón para no perdonar y todos sus actos pecaminosos.

Cada vez que utilizas los métodos de Satanás para resolver tus problemas te estás dejando usar por él. Cada vez que te dejes usar de él, le estas abriendo puertas para entrar a tu vida, para más tarde destruirte, robarte, hacerte sufrir y que hagas sufrir a otros.

Las recompensas de Satanás son temporarias, el se asegurará de quitarte todo lo que tienes, una vez que ya no le sirvas para sus perversos propósitos de que le hagas la vida miserable a tu familia, a tu prójimo y a ti mismo, haciendo que pierdas el amor propio.

Las estrategias que Satanás usa: Tratar de impedir el nacimiento de los niños, ya sea por medio de abortos o de accidentes. También provoca una serie de situaciones que puedan hacer daño a la criatura mientras está en el vientre de la madre, ya sea ocasionando sufrimientos a la madre o incitando a la madre a no cuidarse durante el embarazo y haciéndole creer que no habrá ningún tipo de consecuencia por su descuido.

Si la criatura logra nacer sin defectos físicos o enfermedades, entonces comenzará su trabajo para lograr que esta criatura crezca con cualquier tipo de problema, ya sean emocionales o mentales, usando el medio ambiente que los rodee, circunstancias adversas o inclusive a sus propios padres.

Destruir y desunir la familia es algo en lo que el enemigo ocupa gran tiempo, asegurándose de que todos sufran y se hagan sufrir unos a otros, padre, madre, hijos, abuelos, tíos, suegras y demás. Y por supuesto que lo mismo siga ocurriendo de generación en generación.

Una vez que el enemigo ha hecho a la persona caer bajo, creando todo tipo de conflictos en su vida, trata de corromper su conciencia, convirtiendo la persona en un ser despiadado, al cual no le importan las desgracias de los demás, más bien se hacen causante consientes de la destrucción de otras vidas.

Satanás atacará para que la persona se auto destruya. La incitará a las adicciones de juegos de azar, adicción al trabajo, adicciones sexuales y otras más, a los vicios de drogas, alcohol y cuantas cosas aparezcan hasta lograr llevarte a la pérdida total de la moral, cometiendo todo tipo de actos vergonzosos y finalmente te inducirá al suicidio, haciéndote creer que lo mejor que te puede pasar es que estés muerto, que nadie te ama, que no vales nada y tantas otras cosas más.

Tal vez este no sea específicamente tu caso, pero estoy segura de que conocerás personas que si están viviendo este tipo de vida, por lo que es importante que ellos sepan que sí, hay alguien que los ama y estuvo dispuesto a abandonar su morada celestial para rescatarlos. Jesús, el Hijo de Dios, vino hace más de dos mil años atrás para pagar un rescate por sus vida a precio de sangre y para dar a conocer el amor que Dios le ha tenido al mundo.

Porque de tal manera amo Dios al mundo, que ha dado a su Hijo unigénito, para que todo aquel que en él cree, no se pierda, mas tenga vida eterna. Porque no envió Dios a su Hijo para condenar el mundo, sino para que el mundo sea salvo por Él (Juan 3:16-17).

Sólo el conocer a Dios, conocer su palabra y ser obediente a ella podrá lograr que una familia crezca sana y unida, pero Satanás hará todo lo posible por mantenerte ocupado de manera que no adquieras este conocimiento. El enemigo sabe que mientras te mantenga pecando, tus ojos y oídos están cerrados a la voz de Dios y abiertos a la voz y las enseñanzas del mundo.

¿QUÉ ENSEÑA EL MUNDO?

Porque todo lo que hay en el mundo,
los deseos de la carne,
los deseos de los ojos,
y la vanagloria de la vida,
no proviene del padre,
sino del mundo.
(1 Juan 2:16)

El mundo enseña a vivir una vida carnal. Vivir una vida carnal dará como resultado obras carnales, las cuales te llevarán a la muerte espiritual y eventualmente a la muerte física sin esperanza. Es necesario que entendamos estas cosas, por lo tanto presta atención a lo que lees.

¿Qué es vivir una vida carnal? Cuando tus acciones están regidas por las obras de la carne, entonces estás viviendo una vida carnal.

¿Cuáles son las obras de la carne? las obras de la carne son aquellas que han sido diseñadas por Satanás para que el hombre ande por ellas. Tales como:

Aberración, abominación, abusos, adicción, adivinación, adulterio, altanería, altivez, amargura, ambición desmedida, ambición egocéntrica, ansiedad, ascetismo, auto acusación, auto condenación, auto destrucción, auto exaltación, autocompasión, auto justificación, autosuficiencia, avaricia, baja estima, bajas pasiones, borracheras, brujerías, burla, buscar culpables, buscar excusas, buscar faltas, calumnias, caprichos, celos, chismes.

Cobardía, codicia, complejos, concupiscencia, condenación, confusión, contiendas, crimen, críticas, crueldad, culpabilidad, desconsideración, desconfianza, descuido, deseos desmedidos, desesperación, deshonestidad, deslealtad, desobediencia a Dios, desobediencia a las autoridades, desobediencia a los padres, desorden, difamación, disensiones, doble ánimo, doble mentalidad, doble vida, duda, egoísmo, el qué dirán, enemistades, engaño, envidia, especulaciones.

Exageraciones, extravagancias, extraviar, falsedad, falsa acusación, falsa piedad, falta de afecto fraternal, falta de bondad, falta de control, falta de dominio propio, falta de fe, falta de higiene, falta de integridad, falta de perdón, falta de pureza, falta de respeto, falta de sinceridad, falta de sumisión, falta de temor a Dios, fanfarronear, fantasías pecaminosas, favoritismo, feminismo, fornicación, fraude, frustración.

Glotonería, griterías, hechicería, herejía, hipocresía, homicidio, homosexualidad, idolatría espiritual, idolatría material, ignorancia, impaciencia, imprudencia, inconformidad, inconstancia, incredulidad, indecencia, inestabilidad, inferioridad, infidelidad, ingratitud, injusticia, inmoralidad, inseguridad, intimidación, iras, irrespeto, jactancias, lascivia, legalismo, lujuria, machismo, maltrato, mal humor, mala actitud, mala astucia, malas intenciones, malas palabras, maldad, malicia, malos deseos, malos hábitos, malos pensamientos, maltrato, manipulación, masoquismo, materialismo, mentiras, meterse en lo ajeno, miedo, motivos incorrectos, murmuración, negativismo, obsesiones, ocultismo.

Odio, opresión, orgias, orgullo, ostentosidad, pagar mal por mal, pasiones desordenadas, pereza, perversidad, pleitos, pobreza, pornografía, prepotencia, queja, rechazo, religiosidad, rencor, resentimiento, rebeldía, ritualismo, robar, sentimiento de fracasado, sentimiento de perdedor.

Soberbia, soborno, sospecha, suicidio, superioridad, temores, tentar a Dios, traición, truhanerías, usar el nombre de Dios en vano, vanidad, venganza, vergüenza, vicios, violaciones y más. Cosas como estas son las que Satanás y sus ángeles han introducido en el mundo.

Aunque todas no son pecado, pueden llevar al pecado y desagradan a Dios. Por otro lado provocan una serie de desordenes, devastaciones y destrucciones en la humanidad, también provocan enfermedades físicas, mentales y emocionales, crean en el hombre una mala personalidad, desarrollan fortalezas, temores y malos actos, los cuales indudablemente provocan la ira y el juicio de Dios. Cualquier entrada que le des a Satanás por pequeña que sea, puede convertirse en un nido de serpientes.

En otras palabras podríamos decir que el mundo enseña lo que Satanás ya le ha enseñado y sigue enseñando de generación en generación y empeorando cada día.

¿QUÉ LE ENSEÑA SATANÁS AL MUNDO?

Vosotros sois de vuestro padre el diablo, y los deseos de vuestro padre queréis hacer. El ha sido homicida desde el principio, y no ha permanecido en la verdad, porque no hay verdad en él. Cuando habla mentira, de suyo habla; porque es mentiroso, y padre de mentira.
(Juan 8:44)

Les enseña a practicar el pecado. El verso mencionado arriba fueron palabras dichas por Jesús, a un grupo de judíos que vivían una vida carnal. Realmente son palabras duras, pero verdaderas.

Vosotros sois de este mundo (Juan 8:23).
El que practica el pecado es del diablo (1 Juan 3:8).
Vosotros hacéis lo que habéis oído cerca de vuestro padre (Juan 8:38).

En estas palabras Jesús establece que el mundo hace lo que ha escuchado de Satanás, el cual es su padre. Satanás ha enseñado al mundo a adquirir a cualquier precio todo lo que sus ojos ven y a vivir una vida extremista y egoísta.

Satanás ha corrompido el alma del hombre usando sus ofertas de **poder, posesión y posición social**. Lo que no le ha informado al hombre es que todo eso tiene un precio: **La destrucción de su vida y la perdición de su alma.**

Existen personas en el mundo que son amadores y hacedores del mal voluntariamente, existen otros que simplemente no conocen a Dios, que no han escuchado acerca del evangelio, otros sirven a los santos ya muertos, les construyen altares y les rinden cultos, les dan ofrendas y le hacen peticiones, creyendo que esto viene de Dios, pero en realidad detrás de estos llamados "santos" se esconden demonios. *Sacrificaron a los demonios y no a Dios* (Deuteronomio 32:17).

Otros han escuchado acerca del evangelio pero debido al engaño del enemigo posponen su reunión con Cristo, permitiéndole así que cada día el enemigo gane más terreno de sus vidas y que posiblemente la muerte les sorprenda sin haberse arrepentido. Otros pretenden que Satanás no existe, lo que le da la oportunidad a este de salirse con las suyas y cumplir sus propósitos de destruir las vidas y que no adquieran salvación.

Finalmente el evangelio será predicado por todo el mundo, los que escuchan y siguen posponiendo su arrepentimiento, los que sirven a Satanás voluntariamente, igual que los que pretenden que Satanás no existe y no quieren creer en nada, con el solo propósito de seguir viviendo una vida desordenada, le rendirán cuentas a Dios.

Es bueno que sepamos que hay consecuencias para todo aquel que le sirve a Satanás:

Se multiplicaran los dolores de aquellos que sirven diligentemente a otros dioses (Salmos 16:4).

Vendrá, pues, sobre ti mal, cuyo nacimiento no sabrás; caerá sobre ti quebrantamiento, el cual no podrás remediar; y destrucción que no sepas vendrá de repente sobre ti (Isaías 47:11).

Por tanto, así ha dicho Jehová el Señor: he aquí que mi furor y mi ira se derramará sobre este lugar, sobre los animales, sobre los arboles del campo y sobre los frutos de la tierra y se encenderán, y no se apagaran (Jeremías 7:20).

Los que le sirven a los demonios creyendo que sirven a Dios y lo hacen por ignorancia es necesario que abran sus ojos, sus oídos y su entendimiento para que Satanás no los siga engañando. Si ciertamente amas a Dios y quieres hacer su voluntad lee cuidadosamente estos versos bíblicos y escapa del engaño del enemigo (Deuteronomio 4:15-19):

No te hará dioses de fundición (Éxodo 34:17).
No os volveréis a los ídolos (Levíticos 19:4).
No os volváis a los encantadores ni a los adivinos; no los consultéis, contaminándoos con ellos (Levíticos 19:31).
No haréis para vosotros ídolos, ni escultura, ni os levantaréis estatua, ni pondréis en vuestra tierra piedra pintada para inclinaros a ella (Levíticos 26:1).
No sea hallado en ti quien haga pasar a su hijo o a su hija por fuego, ni quien practique adivinación, ni agorero, ni sortílego, ni hechicero, ni encantador, ni adivino, ni mago, ni quien consulte a los muertos (Deuteronomio 18:10-11).

Yo Jehová; este es mi nombre; y a otro no daré mi gloria, ni mi alabanza a esculturas (Isaías 42:8). Dios no comparte su gloria con nadie.

Esta es la palabra de Dios y es el mismo Jehová quien te dice que cualquier imagen hecha por el hombre, para nada es de provecho (Isaías 44:10). Por el contrario hacer estas imágenes, postrarse ante ellas, rendirles cultos, ofrecerles sacrificios, creer en que te concederán peticiones o que pueden interceder por ti ante Dios, es un engaño del enemigo para hacerte provocar el celo y la ira de Dios.

De la misma forma, poner tu confianza en líneas síquicas, adivinos, brujos, magos, los que leen las manos, la lengua, los caracoles, las cartas, el horóscopo o cualquier tipo de método de adivinación para conocer los tiempos, no sólo te separa de Dios, sino que al buscar estas cosas te contaminas con los demonios que obran a través de estas personas.

En este tiempo y en muchas culturas tal vez ya no se hable de estos dioses antiguos, pero ahora los han sustituido con imágenes de los ángeles y de los santos que han muerto, haciendo creer que está bien que te hagas imágenes de ellos y que te arrodilles ante ellos para que te concedan milagros y que intercedan por ti ante Dios. Esta es otra mentira del enemigo, La Palabra dice: *Porque hay un solo Dios, y un solo mediador entre Dios y los hombres, Jesucristo hombre* (1 Timoteo 2:5).

Sólo Jesús puede interceder por ti ante Dios y sólo a Él se le ha dado potestad en los cielos, en la tierra y debajo de la tierra para que en su nombre toda rodilla se doble (Filipenses 2:10). Es importante que observes que La Palabra dice: en su nombre, no ante su imagen, por lo que debes entender con determinación que: creer, inclinarte o pedirle a cualquier imagen de cualquier semejanza es idolatría y por lo tanto es pecado.

Si alguna vez has hecho esto con la intención de que estas imágenes intercedan por ti ante una petición que tienes y tu petición ha sido concedida, entonces mira lo que Dios te dice al respecto: *por esto Dios les envía un poder engañoso, para que crean la mentira, a fin de que sean condenados todos los que no creyeron a la verdad, sino que se complacieron en la injusticia* (2 Tesalonicenses 2:11-12). Detrás de estas imágenes se esconde el poder engañoso de Satanás para que creas en ellas y sigas cometiendo adulterio espiritual que es idolatría.

Si lees nuevamente la parte que dice: *a fin de que sean condenados todos los que no creyeron a la verdad*. Inmediatamente debes entender que **la verdad** a la que se refiere La Palabra es a Jesús, la cual nos enseña que Jesús es el Camino, la Verdad y la Vida; que nadie viene al Padre, sino es por Él (Juan 14:6), y que todo el que no crea en Él será condenado (Marcos 16:16).

En ocasiones he escuchado persona que dicen: sabemos que no son las imágenes que hacen los milagros, es la fe. Otros dicen: no adoramos estas imágenes la veneramos que es distinto, pero ¿sabes qué? Estas personas singuen cargando estas imágenes en sus carteras, sus cuellos y sus manos, las siguen colocando en sus casas, se siguen postrando delante de ellas, le siguen pidiendo, les ponen ofrendas, les encienden velas, se hacen amuletos de buena suerte con fotos de estas imágenes y tantas otras cosas más, por lo que siguen engañados y no reconocen sencillamente que están desobedeciendo la palabra de Dios, que claramente dice:

No tendrás dioses ajenos delante de mí. No te harás imagen, ni ninguna semejanza de lo que esté arriba en el cielo, ni abajo en la tierra, ni en las aguas debajo de la tierra. No te inclinarás a ellas, ni las honrarás; porque yo soy Jehová tu Dios fuerte, celoso, que visito la maldad de los padres sobre los hijos hasta la tercera y cuarta generación de los que me aborrecen (Éxodo 20:3-5).

Otros dicen que creen en Dios pero siguen visitando los adivinos para que ellos "supuestamente" los ayuden, pero sabes lo que dice La Palabra: *¿Cómo puede Satanás echar fuera Satanás?* (Marcos 3:23). No es cierto que una persona que le sirva a Satanás puede ayudarte, lo que realmente hace es engañarte. Puedes estar seguro que más tarde Satanás aparecerá para cobrarte un alto precio.

Abre tus ojos ante esta verdad y apártate de todo esto y de cualquier cosa que esté ligada con idolatría como: las fotos o artículos con pinturas de los santos, estatuas de los ángeles, de los santos, santas, de Jesús, amuletos, reguardo, plantas de buena suerte u otra cosa similar, deshazte de eso, porque esto desagrada a Dios.

No sólo debes deshacerte de los que los demás puedan ver, sino de los que no se pueden ver también, ya sea porque estén guardados en una gaveta o en tu corazón. *Lámpara de Jehová es el espíritu del hombre, la cual escudriña lo más profundo del corazón* (Proverbios 20:27).

Si posees cualquier artículo que representa idolatría y esto tiene algún valor sentimental para ti porque te lo regaló un ser querido y no quieres desacerté de él, entonces tendrás que rendirle cuentas a Dios por haber puesto esto por encima de Él.

Y amarás a Jehová tú Dios de todo tu corazón, y de toda tu alma, y con todas tus fuerzas. Y estas palabras que yo te mando hoy, estarán sobre tu corazón; y las repetirás a tus hijos, y hablarás de ellas estando en tu casa, y andando por el camino, y al acostarte, y cuando te levantes (Deuteronomio 6:5-7). Dios debe ser primero que todo. Lo demás, esposo, esposa, hijos, dinero, trabajo, casa, carro o cualquier otra cosa, debe estar en segundo lugar.

Recibe esta verdad con amor y entendimiento, con sincero deseo de agradar a Dios. Un Dios que mandó su Hijo a morir por ti, a pagar un precio por ti, para liberarte, para salvarte y para que tus ojos sean abiertos. Si has estado en esta condición sólo pídele perdón, apártate de todo eso y no vuelvas atrás.

Si fuiste enseñado incorrectamente por tus padres que a su vez fueron enseñado incorrectamente por tus abuelos es hora de que rompas la cadena generacional, estableciendo que a partir de tu generación ya no existirá mas la idolatría ni desobediencia. Renuncia a todo lo oculto en el nombre de Jesús y comienza a caminar en libertad y con cuidado.

Caminemos: Como libres, pero no como los que tienes la libertad como pretexto para hacer lo malo, sino como siervos de Dios (1 Pedro 2:16).

LA CORRUPCIÓN DEL MUNDO

Guerras y rumores de guerra,
nación contra nación,
reino contra reino,
pestes, hambres, terremotos.
Todo esto será principio de dolores.
(Mateo 24:6-8)

AUNQUE PARA EL hombre es difícil comprender los tiempos de Dios, no es difícil reconocer que ciertamente estamos viviendo tiempos terribles. Sólo basta con mirar las noticias diarias para darse cuenta de que indudablemente el mundo está corrompido (2 Pedro 1:4).

La palabra nos dice claramente que la causa de esta corrupción es la concupiscencia. **Concupiscencia** es el deseo controlado por el pecado y los instintos mundanos, pueden ser deseos de placeres o bienes materiales y sexuales.

El alma del hombre está inclinada a los pensamientos pecaminosos, el cual es estimulado por la voluntad de la carne de los deseos de enriquecerse y en el deseo sexual ilícito.

Este tipo de deseo es mucho más que anhelar algo, más bien se convierte en codicia, lo cual conduce a la envidia y a los celos, desencadenando así todo tipo de hechos que están destruyendo la creación en general.

Este tipo de deseo viene a través de Satanás y del mundo, del cual Satanás es el príncipe (1 Juan 2:16). Es por esto que el mundo es esclavo del diablo, el cual produce la tentación y lleva al hombre al pecado, dando como resultado que el hombre este muerto espiritualmente y no pueda ver ni discernir que detrás de todo esto, está su poder y sus maquinaciones del diablo.

Lo único que el hombre entiende son sus necesidades y sus deseos de satisfacerlas a cualquier precio. Estas necesidades cada día se hacen más exigentes y se convierten en vicios y adicciones que llevan al hombre a la perdición. Es por causa de todo esto que como lo dijo Jesús: el hambre, las pestes, las guerras y los terremotos sólo serían principios de dolores en los tiempos del fin del mundo.

¿Qué es lo que podemos observar en estos tiempos?

–Es normal mentir.

–Tomar cosas que no nos pertenecen sólo porque nadie lo notará, tales como: un lápiz o una hoja de papel en tu trabajo, Las uvas en el supermercado.

–Al hombre se le permite y se le aplaude el adulterio.

–Los jóvenes pueden tener sexo siempre y cuando no olviden usar preservativos.

–Las jóvenes pueden tener sexo siempre y cuando no olviden los anticonceptivos.

–Decir malas palabras es normal.

–La pornografía es normal.

–En muchos lugares el aborto y la homosexualidad son normales, inclusive los matrimonios del mismo sexo.

–Para muchos tener sexo con animales no es nada.

–Violar las leyes de las autoridades es muy común, tales como: sobre pasar el límite de velocidad, manejar embriagado, cruzar en luz rojo, tirar los desperdicios en la calle, ensuciar y rayar las paredes, tener sexo en público, pisar los jardines y otras tantas.

–Los hijos no respetan a los padres, las esposas no respetan a sus maridos, los maridos no cuidad su familia.

–Los divorcios y las madres solteras cada día son más comunes.

–Padres que abandonan a sus hijos, padres que violan y embarazan a sus hijas, tíos que violan a sus sobrinos, mujeres que se acuestan con sus suegros y cuñados, parejas que están de acuerdo en compartirse sexualmente, hombres que se acuestan con sus hermanas, madre que se acuestan con sus hijos, depredadores de menores y todo tipo de aberración sexual.

El mundo ha perdido el respeto hacia los demás y hacia sí mismo, ha perdido la vergüenza, el pudor, la decencia, la dignidad, los escrúpulos, los principios, la moral, la calidad y la sensibilidad humana, simplemente ya no quieren escuchar, el mundo se ha degenerado.

Viven una vida acelerada y desequilibrada. Muchos han endurecido sus corazones, no les importa el dolor ajeno ni el bienestar del prójimo y en muchos casos ni el de ellos mismos.

La corrupción es mundial en las calles, robos, secuestros, asesinatos, violaciones, mafia, drogas, poder, poder y poder es lo que todos quieren, incluyendo en muchos casos las autoridades y gobiernos, No importa el precio ni los métodos. Más niños mueren de hambre, el mundo se hunde más en insensatez, rebeldía, extravíos, malicia, miseria, desesperación y aborreciéndose unos a otros.

La esperanza y la tranquilidad han huido, sólo queda terror, miedo, angustia, depresión, enfermedades. Nada satisface los deseos del mundo, sólo quieren más y más.

Tal vez te parezcan crudos y horribles los acontecimientos actuales, tal vez eres de los que no pueden entender ¿Por qué Dios permite estas cosas? Pero ¿sabes qué? No es Dios, es el hombre. Es necesario que no cierres tus oídos y tus ojos ante estos hechos ya que tú podrías estar cooperando de cierta forma a que todo esto, esté ocurriendo.

Revisa tu vida, ¿Cómo está delante de Dios? ¿Eres tú de los que están en pecado? Tal vez dirás: yo no mato, ni robo. Pero ¿Acaso eres de los que creen que las mentiras blancas o piadosas no son nada? ¿Cómo está tu vida sexual? ¿Crees qué tener sexo sin estar casado no es nada? ¿Qué experimentar con hembras y varones no es nada? ¿Qué el aborto no es nada? ¿Qué vivir una vida en excesos no es nada? ¿Qué puedes tener más de una mujer porque la sociedad lo aprueba? ¿Qué puedes serle infiel a tu esposo porque él te maltrata? ¿Qué puedes faltarle el respeto a tus padres?

Existen tantas cosas que a la vista del mundo no son nada, pero que a la vista de Dios son aborrecibles. *Hay camino que al hombre le parece derecho; Pero su fin es camino de muerte* (Proverbios 14:12).

Con esto no estoy tratando de condenarte ni acusarte, lo que quiero es que abras tus ojos y dejes de darle motivos a Satanás para seguir destruyendo las vidas, incluyendo la tuya. Que pares de hacer cualquier cosa que sea pecado, por pequeña que sea o parezca. Dios conoce tus debilidades y sabe que tú no puedes por ti mismo(a), sólo déjate guiar por Dios y no por la carne. Las obras de la carne te llevarán a la perdición.

¿CÓMO ENGAÑA AL PUEBLO DE DIOS?

*Mi pueblo fue destruido,
porque le faltó conocimiento.*
(Oseas 4:6)

ESTAS PALABRAS FUERON declaradas por el profeta Oseas unos setecientos cincuenta años antes de Cristo, y se refería específicamente al pueblo de Israel. Con la autoridad que hoy me da Cristo yo declaro que: *La iglesia de Jesucristo no está mostrando una vida en victoria porque le falta conocimiento.*

Es por esta razón que en mis más anheladas peticiones he rogado a Dios para que su pueblo comience a vivir esa vida de victoria, esa vida plena que Dios quiere que vivamos. Es importante desarrollar la fe en Cristo, pero todo no debe quedar ahí, debemos alcanzar las promesas en las cuales hemos creído.

El ladrón no viene sino para hurtar y matar y destruir; yo he venido para que tengan vida, y para que la tengan en abundancia (Juan 10:10).

En su paso por la tierra Jesús declaró estas palabras, dejando bien claro que el ladrón, Satanás, vino a robar, a matar y a destruir, pero que Él, Jesús, vino para que tengamos una vida en abundancia. Entonces ¿Por qué la iglesia no muestra esta vida en abundancia? Más bien vemos un gran porcentaje de los cristianos que viven una vida triste, amarga y miserable. ¿Quiere decir esto que Satanás está logrando su propósito, de robarte, matarte y destruirte?

Es triste tener que decirlo pero así es. Muchos cristianos están espiritualmente muertos, otros siguen ciegos, otros duermen, otros están medio muertos, o medio dormidos, o medio ciegos, unos conocen las armas de Dios pero no las usan, otros no las saben usar y muchos ni siquiera las conocen, permitiendo así que Satanás los use, les robe y destruya sus vidas.

Mi fe en Dios me hace estar confiada en que tal como lo dice su palabra la iglesia vencerá, pero creo que es hora de prepararse para marchar a la guerra y alcanzar esa victoria que Dios ya ha declarado, es nuestra. *La única forma de vencer el enemigo es enfrentándolo, en el nombre de Jesús.*

Uno de los problemas que está enfrentando la iglesia, es que en verdad quieren que Dios dirija sus pasos pero no quieren mover los pies. Hermanos es necesario que entendamos que no sólo debemos orar, sino que también debemos actuar y que en el camino hay una parte que nos toca a nosotros. La Palabra dice que seas paciente, no que te sientes, si estas en el camino entonces es necesario que avances.

Si tu entregaste tu vida a Cristo entonces eres pueblo de Dios, eres hijo de Dios y por lo tanto eres heredero de sus promesas, pero tienes que comenzar a pelear las batallas y a vencer los obstáculos que el enemigo te ha puesto, con las armas que Dios te ha dado. Tiene que orar, tienes que estudiar la palabra, aprender la palabra, creer la palabra y vivir la palabra.

En este momento Dios quiere entregarte una arma muy poderosa, la cual hace miles de años atrás su pueblo pereció por no tenerla, pero que hoy Dios te la entrega a ti para que en el nombre de Jesús comiences no sólo a declarar tus victorias, sino también a poseerlas y a disfrutarlas. Esta arma es: **El Conocimiento**.

Entre muchas cosas, Dios quiere que conozcas las estrategias, maquinaciones, trampas y artimañas que Satanás ha estado usando hasta ahora para engañarte. Para esto es necesario que pongas especial atención a lo que vas a leer y que no sólo sea una lectura para ti, sino un estudio que a partir de hoy vas a comenzar a escribir en tu mente y tu corazón, con la ayuda del Espíritu Santo y lo vas a poner por obra. Es importante que hagas lo mismo con cada material que Dios ponga en tus manos. Comienza a absorber lo bueno y a desechar lo malo.

Cuando estabas en el mundo estabas bajo el poder de Satanás, pero ahora que viniste a Cristo has sido trasladado al reino de Dios. Entregaste tu vida a Cristo por lo que tus pecados han sido perdonados y tu espíritu ha sido restaurado. Anteriormente estabas separado de Dios por el pecado que moraba en ti, pero ahora que has sido lavado con la sangre de Cristo tu relación con Dios ha sido restaurada.

Ahora es necesario que tu alma sea restaurada, y que adquieras las bendiciones de Dios. Para esto Dios ha puesto su Espíritu en ti, pero debes saber que el Espíritu Santo no trabajará en ti sin tu autorización. Por lo que el primer paso es darle la bienvenida al Espíritu de Dios a tu vida porque es Él quien te va a guiar, pero en todo momento debes estar dispuesto.

Satanás que sabe todo esto, comenzará la lucha y tratará con todos sus medios de impedir tu restauración. Lo primero que hará es tratar de que peques y para lograrlo usará la tentación. **La tentación** es el impulso que induce a hacer algo generalmente reprobable, en este caso Satanás te inducirá a pecar. Habrá cosas, situaciones o personas que servirán como instrumentos del enemigo para hacerte caer, por lo que debes conocer y entender contra que estas luchando y cuáles son los medios que Satanás usará.

¿CONTRA QUÉ LUCHA EL CRISTIANO?

*Porque no tenemos lucha contra sangre y
carne, sino contra principados, contra
potestades, contra los gobernadores
de las tinieblas de este siglo,
contra huestes espirituales de maldad
en las regiones celestiales.*
(Efesios 6:12)

La Palabra nos dice claramente que **la lucha de la iglesia es contra espíritus**, que no son más que los ángeles de Satanás que junto con él fueron arrojados sobre la tierra. Por lo que estos espíritus al igual que Satanás se valen de dos instrumentos para atacar al pueblo de Dios:

–La carne
–El mundo

- Satanás y sus ángeles te conocen perfectamente y saben en qué condición vino tu alma a Cristo, por lo que usarán tu carne y el mundo para atacarte.

El mundo: Todo aquel que no ha entregado su vida a Cristo pertenece al mundo que está gobernado por Satanás, su vida espiritual no ha sido restablecida ni tampoco posee el Espíritu de Dios en el, por lo que el mundo camina ciegamente en oscuridad y tinieblas. Por lo tanto será fácil para Satanás usar el mundo para hacer guerra contra el pueblo de Dios, muchas veces sin que este se dé cuenta.

¿De qué manera usará al mundo? Usará primeramente su ceguera espiritual para atacarte. Es por esto que desde que te conviertes la gente que te rodea comienza a decirte todo tipo de cosas para hacerte volver atrás. Tu falta de conocimiento de la palabra y el ataque del mundo son armas poderosísimas en las manos del enemigo, y lo peor es que Satanás te hace creer que el mundo es tu enemigo, cuando en realidad es él.

Lo primero que debes hacer es buscar el conocimiento de la palabra y lo segundo no mires lo que hace el mundo pues ellos son ciegos, debes saber que detrás de todo esto esta Satanás, por lo tanto no la tomes contra el mundo. Lo que debes hacer es perdonar, dejarle el asunto a Dios y orar por ellos para que Dios tenga misericordia de ellos como la tuvo de ti, quien en otros tiempos fuiste parte de este mundo.

Existen otros tipos de personas que pertenecen al mundo pero que voluntariamente se hacen instrumento de Satanás para atacar el pueblo de Dios. Con estos deberás usar la prudencia y la sabiduría que el Espíritu Santo ponga en ti, orando en todo tiempo.

• La Carne: No es más que tu cuerpo, la parte visible del hombre. Tu cuerpo tiene también otras partes que son tu espíritu y tu alma. Pero la parte que le interesa a Satanás es tu alma, ya que a través de ella podrá hablarte, con el propósito de destruir tu vida durante el camino. Es de esta de la cual se ha encargado todo este tiempo de tu vida, enseñándole todo tipo de pensamientos incorrecto porque él sabe que todo lo que hay en tu alma será lo que exprese y haga tu cuerpo y que todo lo incorrecto que tú hagas es pecado o te llevará al pecado.

Satanás sabe que aunque eres una nueva criatura en Cristo, todavía están en ti los métodos que aprendiste para sobrevivir en el mundo, las actitudes que adquiriste del viejo hombre, por lo que atacará directamente tus partes débiles, para que vuelvas atrás. Pero por supuesto él lo hará poco a poco y con mucha astucia para que no te des cuenta hasta que ya hayas caído demasiado bajo y que finalmente tu espíritu vuelva a su estado anterior.

Tu alma es la parte de tu cuerpo interior que compone tu mente, tus pensamientos, tus deseos, lo que tú quieres, tus elecciones, tu libre albedrio y tus sentimientos y como Satanás ya ha estado trabajando en esas áreas sabrá perfectamente como atacar.

¿De qué manera usará tu carne? Lo primero que hará será tentarte, el sabe cuáles son tus necesidades, tus deseos y debilidades, por lo que atacará por esa área. El sabe que si logra que tu caigas en tentación y peques el volverá a tener control parcial de tu vida. Satanás usará todos los medios que sean necesarios para que vuelvas a tu vida antigua y a tus métodos antiguos.

Pondrá todo tipo de excusa en tu vida y en tu mente para que no crezcas en el conocimiento de La Palabra. Estará pendiente de cuando una palabra sea sembrada en ti para arrancarla y que no de fruto. Usará la mentira, la duda, tus temores y cualquier actitud carnal que tengas, para engañarte y debilitarte. Se encargará por todos los medios de que seas un cristiano con mal testimonio, con el propósito de que los que te rodean no vengan a Cristo.

Lo más triste es que una vez que logre engañarte te usará para hacerles daño a tus hermanos espirituales y hará lo mismo con ellos y así establecer una guerra dentro de la misma iglesia sin que se den cuenta de que se están haciendo daño unos a otros. Una de las estrategias de Satanás es traer división en la iglesia, ya que él sabe que la división debilita.

- Satanás te hará sufrir, atacará tu economía, te engañará para que te endeudes, te hará pasar necesidades, atacará tu salud física, provocando enfermedades y tu salud mental por medio de abusos físicos y verbales, traiciones de las personas que más amas, afectando así tus emociones. Tratará de dañar tu corazón por medio de la falta de perdón, el resentimiento, el rencor, el enojo y la amargura.

El maligno quiere que seas una persona pasiva, que te muevas y actúes solo cuando las circunstancias te obliguen, quiere que seas una persona impaciente, terca y autosuficiente, que no dependas de Dios, que tomes tus propias decisiones para el poder filtrar sus enseñanzas.

Cuando no buscamos a Dios, ni usamos los métodos de Dios, somos presa fácil del enemigo.

Tu enemigo estará al acecho para proporcionarte todo tipo de confusión, inconvenientes, incomodidades, circunstancias adversas, y tratará de hacerte sentir mal a toda costa, con el propósito de que pierdas la paciencia y la fe. Satanás sabe que una persona con el fruto del Espíritu desarrollado es un peligro para él, por lo que usará tu carne constantemente para que estos frutos no se desarrollen en ti (amor, gozo, paz, paciencia, bondad, benignidad, fe, mansedumbre y templanza).

El diablo trata de desenfocarnos de nosotros mismos y de enfocarnos en la dirección incorrecta, haciéndonos mirar a los demás y no a nosotros mismos, haciéndonos criticar y juzgar a los demás y no a nosotros mismos, tratando de cambiar a los demás y no a nosotros mismos. El enemigo sabe que la verdad de los demás no es la que nos hace libre, sino la verdad acerca de nosotros mismo, así que te mantendrá ocupado mirando la paja del ojo de tu hermano.

El enemigo pondrá todo tipo de excusa en tu mente para justificar tus hechos y de que busque personas culpables para no afrontar tu responsabilidad por tus acciones. Tratará de que sientas lástima de ti mismo, consiguiendo así que no haya un verdadero arrepentimiento.

Cuando admitas tus culpas y llegues al reconocimiento de tus malas acciones sin poner excusas ni buscar culpables, entonces tratará de hacerte creer lo peor de ti mismo, de que te sientas condenado y que no te sientas seguro de tu salvación y del perdón de Dios. Te recordará cada día tu pasado para atormentarte, con el propósito de que no camines hacia el futuro glorioso que Dios tiene para ti.

Cuando Dios perdona una persona arrepentida, Él borra, olvida y comienza a hacer todas las cosas nuevas en esta persona (2 Corintios 5:17). No es cierto que Dios luego de haberte perdonado te castigará, como el enemigo quiere hacer creer. La sangre de Cristo ha pagado todas tus culpas.

Algunas cosa serán consecuencia de tu vida pasada, pero Dios las usará para tu bien. Todo lo que te acontece, penas tribulaciones, perdidas, conflictos, padecimientos, angustias y aflicciones, vienen departe de Satanás que te odia porque tú has adquirido la salvación de Dios.

Es cierto que Dios es quien permite que pases por todo esto, pero no es para castigarte, es para disciplinarte, para enseñarte como vencer a Satanás y sus demonios y para prepararte para gobernar con Cristo. Dios te ama y te ha perdonado, ahora está restaurando tu vida y formando un nuevo ser en ti. Habrá cosas que no podrás entender, pero confía porque Dios es bueno y todo lo que permita que el enemigo haga será para tu bien, créelo y en el tiempo de Dios lo veras.

El Espíritu Santo podrá traer cosas del pasado a tu memoria, pero no será para condenarte, será para mostrarte que debes cambiar en esas áreas de tu vida. Satanás usará personas para recordarte tu pasado, pero debes recordar humildemente que ya Dios te ha perdonado, te ha salvado, te ha limpiado y que ahora eres una nueva criatura en Cristo. Dios renovará todo en ti.

Satanás usará trampas para hacerte desarrollar actitudes incorrectas, tales como:

–Actitud legalista al tratar de imponer tus deseos y tus ideas sin tomar a nadie ni nada en cuenta.

–Actitud ritualista al no dejarte guiar por el Espíritu Santo en tu relación con Dios, sino por patrones establecidos por el hombre, convirtiendo tu caminar en algo monótono y vacio.

–Actitud religiosa al tratar de establecer patrones de conducta y orden anti bíblicos que para nada edifican.

–Actitud de superioridad.

–Trata de que creas que debes doblegar la carne con tus propias fuerzas y no con la ayuda de Dios.

–Te estimula a juzgar y a condenar a los demás. Tengamos cuidado en juzgar lo que no entendemos, sabemos o lo que no conocemos.

–Te incita a adquirir una actitud egocéntrica poniendo en ti el deseo de ser admirado, reconocido, premiado, notorio, visto y aceptado. Un gran deseo de adquirir grande posesiones y altas posiciones dentro de la iglesia. El sabe que si actúas motivado por cualquiera de estas razones estarás usando los motivos incorrectos, los que te harán actuar para que los demás te vean y estarás más preocupado por lo que la gente piensa de ti que por lo que piense Dios. Todo lo que hagamos debemos hacerlo basados en la voluntad de Dios, dentro del propósito de Dios para nuestras vidas y con el sincero propósito de agradar a Dios.

Todo aquel que muera sin salvación pasará su eternidad con Satanás, pero todo aquel que ha venido a Cristo ha salvado su alma de esta condena que ya ha sido establecida por Dios. La sangre de Cristo derramada en la cruz ha pagado un precio por ti, por la fe que has tenido en el Hijo de Dios eres salvo y algún día Jesús te resucitará de los muertos para vida eterna. Satanás sabe que ha perdido tu alma, pero todavía tiene poder para hacer tu vida miserable hasta el día de tu muerte.

Pero Jesús te dice hoy, que Él no sólo te resucitará en aquel día sino que el vino para deshacer las obras de Satanás de manera que tengas una vida en abundancia mientras esperas el gran día. Conocerás los propósitos de Dios, sabrás específicamente con que propósito te llamó a ti y te enseñará todos los ¿Cómo? Para vivir de gloria en gloria y de victoria en victoria.

CONDICIÓN DEL PUEBLO DE DIOS

Pero el Espíritu dice claramente que en los postreros tiempos algunos apostatarán de la fe, escuchando a espíritus engañadores y a doctrinas de demonios; por la hipocresía de mentirosos que, teniendo cauterizada la conciencia, prohibirán casarse, y mandarán abstenerse de alimentos que Dios creó.
(1 Timoteo 4:1-3)

EN ESTOS TIEMPOS la iglesia está realmente viviendo todas las profecías dadas por Jesús y los primeros discípulos. Unos han abandonado la fe, otros son engañadores, otros son engañados y muy pocos están viviendo una vida de victoria en Cristo.

Los que han dejado la fe han dejado el camino recto, se han extraviado y han vuelto al mundo, están viviendo en una condición espiritual peor a la que tenían cuando vinieron a Cristo por primera vez. No resistieron las tentaciones y volvieron a su antigua vida, por lo que su entendimiento se ha nublado y por más que tratan no pueden salir del hoyo donde están, por el contrario se hunden más y más.

Los engañadores, como lo escribió el apóstol pablo a Timoteo: en los postreros días vendrán tiempos peligrosos. Esos tiempos ya los estamos viviendo, existen hombres amadores de sí mismos, avaros, vanagloriosos, soberbios, blasfemos, desobedientes a los padres, ingratos, impíos, sin afecto natural, implacables, calumniadores, intemperantes, crueles, aborrecedores de lo bueno.

Traidores, impetuosos, infatuados, amadores de los deleites más que de Dios. Corruptos de entendimientos, réprobos en cuanto a la fe, tienen apariencia de piadosos y toman la piedad como fuente de ganancia, quieren enriquecerse a costa de la fe de muchos, por lo que han caído en la tentación, en codicias necias y dañosas que sólo lo han hundido en destrucción y perdición, su mente y su conciencia están corrompidas.

Muchos viven una doble vida, en la iglesia son una cosa y en sus casas otra. Se llaman cristianos y viven una vida mundana, adulteran físicamente y espiritualmente ya que ni son fieles a sus parejas ni a Dios. Estos viven aprendiendo pero nunca pueden llegar al conocimiento de la verdad. Muchos que sirven de tropiezo para los hermanos.

Otros son difamadores, murmuradores y pendencieros, pasan el tiempo quejándose, criticando y juzgando, llenos de hipocresía, entremetiéndose en lo ajeno. Les preocupa más lo que visten y calzan que el bienestar de su prójimo.

Falsos pastores, falsos profetas y falsos maestros que enseñan y dicen mentiras. Que siguen la carne y andan en concupiscencia e inmundicia. Por avaricia son parciales en su trato con los hermanos, roban de los diezmos y las ofrendas, tuercen la palabra, impones sus leyes, componen el cuerpo de la iglesia de personas no preparadas, reparten dones sin dirección del Espíritu Santo, dan profecías falsas y hacen cosas ocultas. Dice La Palabra que para estos está reservada la más densa oscuridad para siempre (2 Pedro 2:17).

Porque mejor les hubiera sido no haber conocido el camino de la justicia, que después de haberlo conocido, volverse atrás del santo mandamiento que les fue dado (2 Pedro 2:21).

Existen otros que el mismo Satanás los tiene **engañados** haciéndole creer que es la voluntad de

Dios que vivan una vida triste. Estos esperan el cielo tristemente y no disfrutan su caminar con Cristo. Muchos se han hecho la carga más pesada, aceptando responsabilidades impuestas, creyendo que esto es el buen testimonio. Entendamos que sólo la muestra visible del fruto del Espíritu en la vida de una persona es que lo identifica como un cristiano fiel.

Muchos creen que todo lo que les acontece es obra de Satanás, por lo que viven reprendiendo y en muchas ocasiones diciendo palabras impropias. Es necesario que abras tus ojos para que veas que muchas situaciones son provocadas por ti mismo al vivir imprudentemente.

Muchos dudan de su salvación y del perdón que Dios les ha otorgado a través de Cristo. Otros no han entendido el plan y el propósito de Dios para sus vidas y hacen lo que quieren. Otros se someten a todo tipo de preceptos y leyes de hombres. Otros prefieren vivir un evangelio cómodo sin ninguna responsabilidad en la obra del Señor. Otros obran para ser alabados.

Otros son inconstantes en su crecimiento espiritual. Otros no son responsables con sus diezmos y ofrendas. Otros están más preocupados por mantener sus vanidades que por sembrar para el reino de Dios. Otros que sólo esperan y suplican para obtener las bendiciones materiales de Dios. Otros que están más preocupados por su prosperidad terrenal que por su prosperidad espiritual. Otros que ya han alcanzado cierta posición dentro de la iglesia se han llenado de orgullo y han desobedecido al Señor.

Pero por supuesto queda un remanente fiel, que ha sufrido tribulaciones, ha vencido las tentaciones, ha superado los obstáculos, ha pasado las pruebas, ha crecido, ha madurado, ha esperado con paciencia, ha tenido fe, ha servido con amor, diligencia, empeño, ahínco, han mantenido la humildad.

Personas que siente un verdadero amor por Dios y por el bienestar de la iglesia, que aman sinceramente las cosas de Dios, que están llenos de compasión, que viven una vida espiritual, que trabajan sin quejarse en toda buena obra, que han entendido que su tesoro esta en los cielos y que luchan día a día venciendo y viviendo una vida de victoria en Cristo.

Para estos: antes bien, como está escrito: Cosas que ojo no vio, ni oído oyó, Ni han subido en el corazón de hombre, Son las que Dios ha preparado para los que le aman (1 Corintios 2:9).

CONCLUSIÓN

*Sed sobrios, y velad;
porque vuestro adversario el diablo,
como león rugiente, anda alrededor
buscando a quien devorar.*
(1 Pedro 5:8)

ES IMPORTANTE QUE entiendas que Satanás es real, que tiene todo un ejército de ángeles a su disposición y que están en la tierra causando todo tipo de devastaciones a consecuencia del pecado, arrastrando las almas al infierno y haciendo guerra contra la iglesia de Jesucristo.

El infierno no fue creado para el hombre, fue creado para Satanás y sus ángeles, pero el mundo se ha enceguecido a causa de su orgullo, la codicia y sus bajas pasiones. La maldad, la impiedad, la corrupción y la injusticia del hombre hieden ante la presencia de Dios. Dios ha declarado y establecido juicio para el mundo, pero debido a su gran amor nos ha dado una oportunidad de arrepentirnos para que no perezcamos en el gran juicio que vendrá a las naciones y que el día del juicio final nuestro nombre aparezca inscrito en el libro de la vida.

Si hasta ahora has vivido una vida egoísta y sin fruto, ponte en las manos de tu creador, de tu padre celestial. No sigas siendo participante de las obras infructuosas del enemigo, no sigas dejándote usar para ser un mal testimonio de Cristo, por lo que muchos se pierden y otros se desvían. Se participante fiel de la obra de Dios, de llevar esta verdad hasta el fin del mundo, de vivir una vida agradable, integra y sin mancha ante los ojos del Señor.

Abre tus oídos, tus ojos, tu mente y tu corazón a la misericordia de Dios. Si no has entregado tu vida a Cristo no lo pospongas mas, hazlo en este momento, mediante una oración audible que declare tu decisión de poner tu vida en las manos de Jesús, el Hijo de Dios.

Si has hecho antes una confesión de fe, pero actualmente estás viviendo una vida que desagrada a Dios o si por cualquier motivo te has desviado del camino, es hora de que te vuelvas al Señor. Él dice en Su Palabra:

Si confesamos nuestros pecados, él es fiel y justo para perdonar nuestros pecados, y limpiarnos de toda maldad (1 Juan 1:9).

Si eres de los fieles, mantente fiel, firme, vigilante, sin retroceder, ni mirar atrás, sin manchar tus vestiduras, con tu lámpara encendida y siempre llena, *porque fiel es el que prometió* (Hebreos 10:23).

REFERENCIAS

Biblia Plenitud (Biblia de estudio). Versión Reina Valera, 1960 © 2007 por Grupo Nelson

Diccionario Bíblico Ilustrado Holman. Edición General: S. Leticia Calcada. ISBN: 978-0-8054-9490-7

Nuevo Diccionario Bíblico Certeza (Segunda edición). Ediciones Certeza Unida.

El Pequeño Larousse Ilustrado. © 2007 Diccionario Enciclopédico Ediciones Larousse, S. A. de C.V. (Decimotercera Edición).

Milton Keynes UK
Ingram Content Group UK Ltd.
UKHW021302111123
432394UK00023B/720